Les oiseaux de mon jardin

(Ci-dessus) *Backyard Birds*, Robert Bateman, à l'âge de 14 ans

Catalogage avant publication de Bibliothèque et Archives Canada

Bateman, Robert, 1930-
   Les oiseaux de mon jardin / Robert Bateman, Ian Coutts ; texte français
de Marie-Josée Brière.

Traduction de: Backyard birds.
ISBN 0-439-95785-0

   1. Oiseaux--Observation--Ouvrages pour la jeunesse. I. Coutts, Ian K.
(Ian Kenneth), 1948- II. Brière, Marie-Josée III. Titre.

QL677.5.B3814 2005   j598'.072'34   C2005-901219-6

Édition publiée par les Éditions Scholastic
175 Hillmount Road
Markham (Ontario)
L6C 1Z7 Canada.

6 5 4 3 2 1   Imprimé à Singapour   05 06 07 08

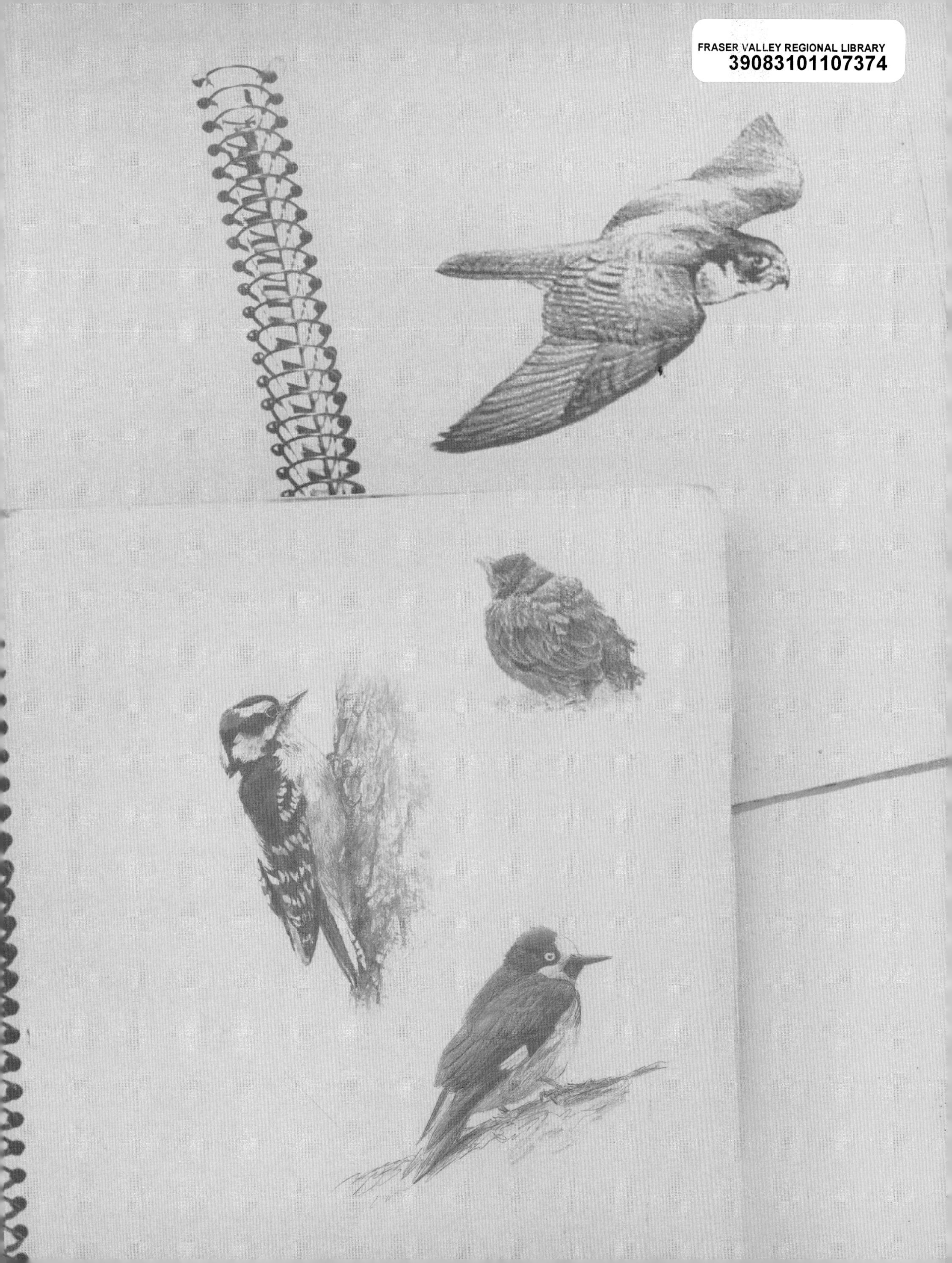

Les oiseaux de mon jardin

Robert Bateman et Ian Coutts

Consultante : Nancy Kovacs

Texte français de Marie-Josée Brière

ÉDITIONS SCHOLASTIC / MADISON PRESS

Naissance d'un ornithologue

Bob Bateman 1943

Tout a commencé par une mésange à tête noire. J'avais huit ans. Un jour de novembre, je me promenais sur un sentier au nord de Toronto, là où j'ai grandi. Quelque chose a attiré mon regard. Une petite boule de plumes ébouriffées sautait de branche en branche dans une haie dénudée. En regardant ce petit oiseau à la calotte noire et aux joues blanches, j'ai complètement oublié le froid.

Je ne sais pas pourquoi, mais j'ai eu la piqûre. Peut-être pour le plaisir de voir une créature qui ne se souciait pas de moi, toute à sa petite vie passionnante? J'ai commencé à passer des heures dans le ravin, derrière chez moi. Je rampais dans les buissons, les oreilles et les yeux grands ouverts. C'était une véritable aventure… mais une aventure frustrante parce que je ne savais pas grand-chose des oiseaux que je voyais. Et je n'avais pas de livres pour m'aider.

J'espère que ce livre sur certains de mes oiseaux préférés te donnera envie de te lancer dans ta propre aventure. De toutes les créatures sauvages, les oiseaux sont les plus colorés et les plus faciles à observer. Pas besoin de se rendre au fin fond de la jungle ou dans une île lointaine – ils vivent dans nos jardins. Si tu prends le temps de les observer et de les écouter, tu les découvriras à ton tour. Tu pourras admirer leur magnifique plumage et entendre leurs chants ravissants.

Tu les verras se nourrir en hiver et construire leur nid au printemps. Les oiseaux sont nos voisins. Pourquoi ne pas apprendre à les connaître?

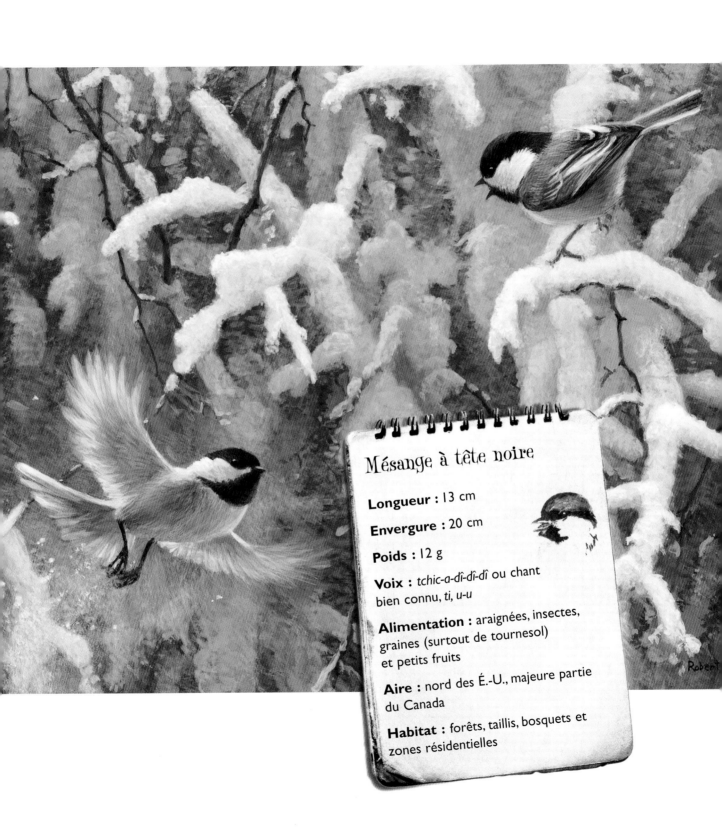

Mésange à tête noire

Longueur : 13 cm

Envergure : 20 cm

Poids : 12 g

Voix : *tchic-a-dî-dî-dî* ou chant bien connu, *ti, u-u*

Alimentation : araignées, insectes, graines (surtout de tournesol) et petits fruits

Aire : nord des É.-U., majeure partie du Canada

Habitat : forêts, taillis, bosquets et zones résidentielles

Canard colvert et bernache du Canada

Le colvert mâle (ci-contre) est reconnaissable à sa tête d'un vert brillant. Le plumage de la femelle est tacheté de brun et une étroite bande bleu vif orne ses ailes.

Alors que certains canards plongent pour attraper du poisson, les colverts préfèrent se nourrir de plantes. Pour atteindre celles qui poussent au fond des rivières et des étangs, ils enfoncent la tête dans l'eau. On les voit souvent « barboter » de cette façon, seule leur queue pointue dépassant à la surface.

Les bernaches du Canada appartiennent à la même famille que les canards. Comme eux, elles ont les pattes palmées pour pouvoir nager et un bec large pour aller chercher leur nourriture. On en voyait rarement il n'y a pas si longtemps, mais elles sont aujourd'hui répandues sur tout le continent; elles ont même été introduites en Europe et en Nouvelle-Zélande. On les entend généralement lorsqu'elles passent dans le ciel en cacardant à tue-tête, dans leur formation en « V » caractéristique.

Canard colvert

Longueur : 58 cm

Envergure : 89 cm

Poids : 1 kg

Voix : mâle, *yib*; femelle, *kouèk* ou *coin-coin*

Alimentation : surtout des graines de plantes aquatiques, en eau peu profonde

Aire : majeure partie de la zone continentale des É.-U. et Alaska; Canada, du Québec au Pacifique

Habitat : étendues d'eau douce peu profondes – lacs, étangs, marais

Bernache du Canada

Longueur : de 63 à 109 cm

Voix : *ka-rônk*

Alimentation : herbes et graines; le long des côtes, mollusques et petits crustacés

Aire : toute l'Amérique du Nord

Habitat : étangs, marais, terres agricoles

Grand héron

Longueur : 117 cm

Envergure : 183 cm

Poids : 2 kg

Voix : *frahnk, frahnk, frahnk rauque et grave*

Alimentation : amphibiens, poissons, insectes, petits mammifères

Aire : partout aux É.-U. et dans la majeure partie du sud du Canada

Habitat : ruisseaux, rivières, lacs

Grand héron et martin-pêcheur d'Amérique

Si tu vas te promener au bord d'un lac, d'une rivière ou d'un marais, tu as de bonnes chances de voir l'un de nos plus grands oiseaux aquatiques, le grand héron.

Quand il chasse, le grand héron reste parfaitement immobile, regardant au bout de son long bec, le cou replié en « S ». Dès qu'il aperçoit quelque chose, il étire le cou comme un fouet, avance la tête brusquement et embroche sa proie avec son bec. Le héron se nourrit habituellement de grenouilles et de petits poissons, mais il lui arrive de manger des souris ou d'autres petits mammifères. En regardant bien, tu verras son repas descendre lentement le long de son interminable cou.

Le joli martin-pêcheur d'Amérique a une technique de pêche bien différente. En vol ou à l'affût sur un arbre, il scrute l'eau attentivement. Lorsqu'il aperçoit un poisson, il plonge en piqué, attrape sa proie dans son bec et va se percher aux alentours. Il frappe le poisson contre une branche, le fait tournoyer dans les airs et l'avale, tête première.

Martin-pêcheur d'Amérique

Longueur : 33 cm

Voix : crépitement fort et sec

Alimentation : poissons, amphibiens, crustacés, insectes aquatiques

Aire : toute l'Amérique du Nord

Habitat : ruisseaux, lacs, baies, rivages

Buse à queue rousse et grand-duc d'Amérique

Beaucoup d'oiseaux mangent des noix, des graines et des insectes. Les rapaces, quant à eux, se nourrissent de souris et de lapins, de gros poissons ou même d'autres oiseaux. Ils ont des doigts très forts appelés « serres » pour attraper leurs proies, et un bec crochu pour en déchiqueter la chair. La buse à queue rousse est l'un des rapaces les plus courants. Elle aime les champs découverts, mais peut aussi vivre en ville. On la voit souvent perchée sur des poteaux de clôture ou de téléphone, d'où elle s'élance à la poursuite de ses victimes. Avec un peu de chance, tu pourras même en voir une en vol. D'en bas, elle est reconnaissable à sa queue rougeâtre déployée en éventail. Le faucon pèlerin et le pygargue à tête blanche sont aussi des rapaces.

Les hiboux chassent généralement la nuit. Le grand-duc d'Amérique est facilement identifiable à ses aigrettes, les deux petites touffes de plumes de chaque côté de sa tête. Ce gros hibou se nourrit de petits oiseaux, de souris et de rats, et même de chats, de poulets et de mouffettes. Tu entends peut-être parfois son « hou-hou-hou » résonner dans la forêt. Le grand-duc est un peu difficile à repérer, mais si tu vois un groupe de corneilles faisant tout un tapage autour d'un arbre, c'est peut-être parce qu'elles essaient d'en chasser un de leur territoire.

Grand-duc d'Amérique

Longueur : 56 cm

Voix : *hou, hou, hou, hou* grave et sourd

Alimentation : petits mammifères, mouffettes, chats

Aire : Amérique du Nord

Habitat : forêts, boisés, le long de ruisseaux, étendues découvertes

Buse à queue rousse

Longueur : 48 cm

Envergure : 125 cm

Poids : 1 kg

Voix : cri rauque (*kîiir-r-r*)

Alimentation : petits mammifères (lapins, souris, rats)

Aire : majeure partie des É.-U. et du Canada, jusqu'à l'Arctique

Habitat : paysages mixtes de champs ou de pâturages avec des arbres à proximité; souvent perchée le long des routes

Des talents particuliers

Les oiseaux sont de remarquables créatures. Ils peuvent vivre dans les régions les plus froides de l'Arctique comme dans les déserts les plus chauds. Certains passent presque toute leur vie dans l'eau. D'autres peuvent parcourir d'énormes distances sans jamais se poser. Voici quelques-unes des caractéristiques et des aptitudes particulières qui leur permettent de survivre.

La vue

La plupart des oiseaux voient mieux que les humains. Des chasseurs, tels les pygargues (à droite) et les buses, peuvent distinguer une souris à plus d'un kilomètre. Et, contrairement à nous, certains oiseaux sont même capables de voir les ultraviolets. Le tangara à menton noir, d'Amérique du Sud, reconnaît ses congénères grâce à la touffe de plumes ultraviolettes qu'ils ont sur le dos.

L'ouïe

Les oreilles des oiseaux ne sont pas comme les nôtres; ce sont de simples trous protégés par des plumes spéciales appelées « tectrices auriculaires ». Certains oiseaux ont une ouïe exceptionnelle. L'effraie des clochers (à gauche), par exemple, chasse dans l'obscurité totale, mais elle peut entendre une souris courir par terre. Elle sait même si la souris se dirige vers la gauche ou vers la droite. Sans même voir sa proie, elle s'abat sur elle et s'en empare.

La voix

Les oiseaux, dont certains ont un chant magnifique, communiquent bien des choses avec leur voix. Par son chant, le mâle peut courtiser la femelle, annoncer la ponte ou signifier à d'autres oiseaux qu'ils sont sur son territoire. D'autres sons servent à repousser les intrus ou à signaler la présence de prédateurs.

Certains oiseaux, comme les moqueurs, sont des imitateurs accomplis. Ces farceurs peuvent produire le chant de nombreux oiseaux, dont le sifflement aigu du bruant à couronne blanche (à droite).

L'intelligence

On dit qu'ils ont une cervelle d'oiseau, mais ces créatures sont loin d'être stupides. Les mésanges à tête noire entreposent des noix pour l'hiver et se rappellent à quel endroit elles les ont cachées. Et certains oiseaux, comme les geais bleus, peuvent imiter d'autres oiseaux et même un antivol d'auto!

Les corneilles sont sans doute les oiseaux les plus intelligents. Parfois, ce qui est particulièrement astucieux, elles laissent tomber des noix, de manière à ce qu'une voiture les écrase en passant, pour pouvoir ensuite les manger sans avoir à les écailler elles-mêmes!

Le plumage

Les plumes sont faites de la même matière que nos ongles. Elles sont solides, mais légères; elles permettent à l'oiseau de voler, et elles le gardent au sec et au chaud. Leurs couleurs l'aident aussi à se trouver un compagnon ou une compagne.

La bernache du Canada (à droite) passe une bonne partie de son temps dans l'eau et pourtant, elle ne se mouille pas. À l'aide de son bec, elle lisse ses plumes avec une huile hydrofuge spéciale, sécrétée par une glande à la base de sa queue. Sans cette huile, la plupart des espèces de sauvagine auraient le plumage imbibé d'eau et ne pourraient pas survivre.

Tourterelle triste

Longueur : 31 cm

Envergure : 46 cm

Poids : 119 g

Voix : *co-ah, cou, cou, cou*

Alimentation : graines et petites noix

Aire : partout aux É.-U. et au sud du Canada

Habitat : fermes, petites villes et villages, bois clairs, broussailles et champs

Tourterelle triste et dindon sauvage

Tu peux voir des tourterelles tristes à peu près partout : dans les champs cultivés, les forêts, les petites villes, les villages et la banlieue. Cet oiseau à longue queue tire son nom de son doux roucoulement mélancolique. La tourterelle triste aime se nourrir des graines tombées des mangeoires. Le sifflement de ses ailes en vol est l'une de ses caractéristiques les plus intéressantes. Elle est considérée comme un gibier à plumes et peut donc être chassée en toute légalité à bien des endroits. Elle est toutefois protégée dans certaines régions, de sorte qu'elle ne risque pas l'extinction comme la tourte voyageuse.

Le dindon sauvage est un autre gibier à plumes, proche parent de la dinde domestique que nous mangeons à Noël. Il n'y a pas si longtemps, l'espèce avait presque disparu à cause de la chasse trop intensive et de la perte de son habitat. Les efforts de conservation ont toutefois contribué à sauver le dindon sauvage, qui est maintenant en expansion partout en Amérique du Nord.

Ce dindon mâle (ci-dessous) cherche à impressionner une femelle en déployant en éventail les plumes de sa queue. C'est sa parade du printemps, la saison des amours. Sa tête et son cou, normalement gris bleu, peuvent aussi passer au bleu et au rouge éclatants quand il cherche à attirer une compagne.

Dindon sauvage

Longueur : 122 cm

Voix : mâle, *glouglou*; femelle, *touc* sec

Alimentation : graines, noix, glands, fruits, certains insectes

Aire : majeure partie des É.-U.; rare dans l'Ouest; tout au sud du Canada

Habitat : bois clairs, forêts, marais, clairières

Colibri à gorge rubis et colibri roux

Quand j'ai commencé à observer les oiseaux, le colibri à gorge rubis a été l'une des premières espèces que j'ai remarquées. Comment aurais-je pu faire autrement? Quand on en voit un passer en vrombissant dans la chaleur immobile d'un après-midi d'été, on ne l'oublie jamais. Le colibri se nourrit surtout du nectar des fleurs, qu'il aspire grâce à son long bec. Quand il voit une fleur qu'il aime, par exemple l'ancolie (ci-contre), il s'y précipite et bat ensuite des ailes à toute vitesse pour demeurer sur place pendant qu'il boit. Extrêmement agiles en vol, les colibris peuvent non seulement faire du surplace, mais aussi reculer et voler de côté – même la tête en bas! Aucun autre oiseau n'en est capable. Ce sont aussi de petites créatures agressives. Quand il n'est pas en train de se nourrir, le colibri à gorge rubis mâle, d'un vert brillant, passe beaucoup de temps à chasser les autres mâles de son territoire.

Le colibri à gorge rubis est le seul qui vive dans l'est du continent, mais il y en a beaucoup d'autres espèces dans l'ouest. Le plus courant est le colibri roux, un petit oiseau rougeâtre que l'on retrouve de la frontière mexicaine jusqu'en Colombie-Britannique et même dans le sud de l'Alaska.

Colibri roux

Longueur : 9 cm

Voix : *tchiou* aigu, bourdonnement sonore

Alimentation : nectar, petits insectes, araignées

Aire : ouest de l'Amérique du Nord; occasionnellement dans l'est du continent entre octobre et décembre

Habitat : forêts, boisés, prés

Colibri à gorge rubis

Longueur : 10 cm

Envergure : 11 cm

Poids : 3 g

Voix : ziik idididid sec et répétitif quand il poursuit un autre oiseau

Alimentation : nectar de fleurs et mouches à fruits, moucherons, moustiques, araignées et chenilles

Aire : est de l'Amérique du Nord

Habitat : jardins et bordures des forêts

Le cycle de la vie familiale

La partie la plus importante de la vie des oiseaux consiste à élever une famille. Les petits naissent au printemps et à l'été, quand la nourriture est abondante. Avant l'arrivée de l'hiver, les oisillons seront assez vieux pour se débrouiller seuls.

La cour

Au printemps, le mâle revendique son territoire et se cherche une compagne. Chez certaines espèces, comme le colibri, les couples sont éphémères. Mais les cygnes, les oies, les huards (à droite) et d'autres s'unissent souvent pour la vie. Pour attirer une femelle, le mâle peut chanter ou exhiber ses plumes brillantes. Le pic frappe rapidement sur des surfaces dures avec son bec; c'est ainsi qu'il fait sa parade. D'autres, comme le tétras des Prairies et la grue blanche, exécutent plutôt une danse.

La nidification

Certains nids ne sont pas plus qu'un creux dans le sable, mais d'autres sont beaucoup plus élaborés. Les hirondelles à front blanc, par exemple, façonnent de petites maisons dans des boules d'argile. L'oriole de Baltimore (à gauche) construit un nid suspendu pour abriter ses petits. Les colibris utilisent du duvet végétal et des toiles d'araignée pour fabriquer de petites coupes qu'ils recouvrent ensuite de lichens.

Les œufs

La plupart des oiseaux pondent de trois à cinq œufs, mais il y a des exceptions.
Les fous de Bassan et les pigeons à queue barrée n'en pondent qu'un, tandis que
les canards branchus et les colins de Virginie peuvent en pondre de douze à quatorze.
Les parents surveillent étroitement le nid. Quand ils voient un ennemi, ils l'attaquent
ou crient très fort. Si tu t'approches trop d'un nid de pluvier kildir, la mère cherchera
à détourner ton attention en s'éloignant avec une aile pendante, comme si elle était
blessée. Beaucoup d'oiseaux abandonnent leur nid si quelqu'un ou quelque chose
y a touché; il est donc préférable de rester à distance.

Les nouveau-nés

La plupart des oiseaux aquatiques, comme les
canards (ci-dessous), sont couverts de duvet
dès l'éclosion. Ils sont capables de se déplacer
et de se nourrir presque tout de suite, avec
très peu d'aide de leurs parents. Les autres
oisillons naissent en général nus, aveugles et
démunis. Quand un de leurs parents s'approche
du nid, ils lèvent la tête en piaillant pour se faire
nourrir (à droite).

Les juvénaux

Quand les oisillons ont grossi et qu'ils ont des plumes, ils commencent à sauter du nid
pour aller se poser à proximité. Ils ont parfois besoin d'aide pour apprendre à voler
comme il faut. La mère balbuzard, par exemple, se perche près du nid avec un poisson.
Quand ses petits ont faim, ils s'élancent dans les airs en battant des ailes et finissent
par se mettre à voler pour aller chercher le
poisson. À l'automne, presque tous les jeunes
oiseaux sont indépendants. Au printemps
suivant, ils vont s'accoupler à leur tour
et fonder leur propre famille.

Hirondelle rustique et martinet ramoneur

Ce que j'aime surtout, chez l'hirondelle rustique, c'est son vol exceptionnellement gracieux. Toute jeune, déjà (ci-contre), elle peut se faufiler par une toute petite fente dans le mur d'une vieille grange, faire un tour à l'intérieur et s'arrêter brusquement en ouvrant la queue. Quand elle chasse, l'hirondelle rustique fait des descentes en piqué pour attraper des insectes. Elle peut même passer en rase-mottes au-dessus d'un étang pour prendre une gorgée d'eau sans s'arrêter.

Le martinet ramoneur attrape, lui aussi, des insectes en vol, mais il chasse à l'aube et au crépuscule plutôt que le jour. Cet oiseau en forme de cigare, aux ailes courtes, ne vole pas en piqué comme les hirondelles. Il bat des ailes très vite, en alternance (une aile monte et l'autre descend en même temps), ce qui lui donne une apparence un peu étrange dans les airs.

Le nid du martinet ramoneur, comme celui qu'on voit ci-dessous, est aussi très particulier. Il est fait de branchages que le martinet colle directement sur le mur d'une vieille maison ou dans un autre endroit abrité (oui, même une cheminée!) avec sa salive, semblable à de la colle.

Martinet ramoneur

Longueur : 14 cm

Voix : cliquetis aigu et précipité

Alimentation : insectes, araignées

Aire : l'été, de l'est au centre-ouest des É.-U. et dans le sud du Canada; rare dans le sud-ouest des É.-U.

Habitat : espaces découverts dans les villes et les villages

Hirondelle rustique

Longueur : 17 cm

Envergure : 38 cm

Poids : 19 g

Voix : *vit-vit*

Alimentation : petits insectes volants

Aire : toute l'Amérique du Nord, du Mexique à la limite des arbres au nord

Habitat : fermes, champs, marais et autres espaces découverts; se perche souvent sur les fils électriques

Pic chevelu et pic mineur

Tu entends un « toc-toc-toc » dans les arbres et, en suivant le son, tu aperçois un pic. Comme il est noir et blanc, avec le dos blanc, tu ne sais pas si c'est un pic chevelu (ci-contre) ou un pic mineur (ci-dessous). Comment arriveras-tu à les différencier?

La tache rouge à l'arrière de la tête te dit que c'est un mâle, puisque les femelles n'ont pas de rouge. Le bec est long, plutôt fort, et les plumes de la queue sont complètement blanches. Et l'oiseau fait un bruit rapide et soutenu. Est-ce que ces indices pourraient t'aider?

Il faut croire que c'est ton jour de chance parce qu'un deuxième pic vient se percher dans un arbre voisin. Il est presque identique, mais nettement plus petit, avec un bec plus court. Et, sur sa queue, les plumes des côtés sont tachetées de noir. Il pique plus lentement, moins longtemps, mais de façon répétée.

Le mystère est résolu : le premier est un pic chevelu, et le deuxième, un pic mineur!

Pic chevelu

Longueur : 24 cm

Envergure : 38 cm

Poids : 65 g

Voix : *pîîîk* perçant

Alimentation : insectes, fruits, graines

Aire : Amérique du Nord

Habitat : forêts, grands arbres

Pic mineur

Longueur : 17 cm

Voix : *pik, pik, pik, pik* grinçant

Alimentation : insectes, œufs d'insectes et larves

Aire : Amérique du Nord

Habitat : forêts, boisés, bosquets de saules, vergers et arbres d'ombrage

Junco ardoisé et sittelle à poitrine blanche

Les petits oiseaux à côté de la pile de bois (ci-contre) sont des juncos ardoisés. On les voit souvent en troupes quand il fait froid, sautillant vivement sur le sol à la recherche de graines. L'été, ces oiseaux gris foncé ne quittent généralement pas les forêts du Nord où ils vivent, mais ils en sortent l'hiver pour trouver à manger. Comme beaucoup d'autres, ils se gardent au chaud en ébouriffant leurs plumes quand la température tombe sous le point de congélation. Leurs pattes et leurs pieds sans plumes ont aussi des vaisseaux sanguins spéciaux qui les empêchent de geler.

La sittelle à poitrine blanche est un autre oiseau qu'on aperçoit plus souvent l'hiver que l'été. Comme le junco, elle se nourrit de graines, qu'elle préfère casser d'abord en les frappant avec son bec. On voit souvent les sittelles à poitrine blanche descendre le long des troncs d'arbre à la recherche de graines et – quand il fait plus chaud – d'insectes. Ce sont de petits oiseaux très agiles. Il n'est pas rare qu'on les aperçoive, perchés la tête en bas, sur une branche en mouvement.

Sittelle à poitrine blanche

Longueur : 15 cm

Voix : *houi-houi-houi-houi* bas, nasillard et sifflé; aussi *yank* nasillard

Alimentation : noix, graines, insectes

Aire : partout aux É.-U. et dans la majeure partie du sud du Canada, jusqu'aux Maritimes

Habitat : forêts, boisés, bosquets; fréquente les mangeoires

Junco ardoisé

Longueur : 16 cm

Envergure : 24 cm

Poids : 19 g

Voix : tîk sec et très aigu

Alimentation : insectes, chenilles, graines

Aire : Amérique du Nord

Habitat : en été, forêts; en hiver, bois clairs, broussailles, bord de routes et mangeoires

Migration

De tous les comportements des oiseaux, la migration est à coup sûr l'un des plus fascinants. Nous ne savons pas exactement pourquoi les oiseaux ont commencé à se déplacer selon un axe nord-sud pour suivre les saisons, ni pourquoi ils ne migrent pas tous. C'est sans doute, en bonne partie, une question de nourriture. Beaucoup d'espèces, comme la paruline à croupion jaune (à droite) et le troglodyte familier (ci-dessous), se nourrissent surtout d'insectes. L'hiver venu, la nourriture se fait rare, et c'est pourquoi les oiseaux s'envolent vers des régions plus chaudes, où ils trouvent à manger plus facilement. Mais pourquoi n'y restent-ils pas toute l'année? Peut-être parce que les journées d'été sont plus longues quand on monte vers le nord, ce qui leur laisse plus de lumière chaque jour pour chercher de la nourriture à l'intention de leurs petits.

Juste avant que les oiseaux partent pour l'hiver, tu en verras peut-être se rassembler autour des mangeoires en plus grand nombre que d'habitude. Comme la migration est une aventure éprouvante, ils doivent se faire de bonnes réserves de gras avant d'entreprendre un voyage parfois très long. La buse de Swainson fait un trajet qui la mène des prairies du Canada et des États-Unis jusqu'en Argentine, en Amérique du Sud, à 11 000 kilomètres plus loin. Quant au pluvier bronzé (ci-dessous), tu auras peut-être la chance de l'apercevoir en train de se nourrir dans un champ ou sur une plage, sur la côte Est, au cours de son périple de 3 000 kilomètres vers le sud. Il peut se rendre de Terre-Neuve au Brésil sans s'arrêter, en survolant constamment l'océan. Les oiseaux ne vont cependant pas tous aussi loin. Le petit solitaire de Townsend ne se déplace que du sommet des montagnes vers les vallées, où il trouve de la nourriture.

Mais comment les oiseaux savent-ils où aller? Ils suivent parfois les montagnes et les rivières, ou naviguent d'après le Soleil. Beaucoup de ceux qui migrent la nuit se guident sur les étoiles et la Lune. Et d'autres, comme le goglu des prés (ci-dessus), semblent avoir une boussole interne pour se diriger.

Le début du printemps est toujours excitant, puisque les oiseaux commencent à revenir à leurs quartiers d'été. Certains nicheront peut-être dans ta région, mais d'autres ne feront que passer, en route pour leurs aires de reproduction plus au nord. À la fin de mai, dans toute l'Amérique du Nord, la population d'été est installée pour le début d'une nouvelle saison. C'est le temps de faire un nid et d'élever les petits.

Merle d'Amérique et merlebleu

Le merle d'Amérique mâle (ci-contre) se reconnaît à sa poitrine rouge orangé. On le voit souvent sautiller sur le gazon à la recherche de vers. Quand il en trouve un, il se dépêche de tirer dessus avant qu'il puisse s'échapper. La femelle ressemble au mâle, mais sa poitrine est d'un rouge moins vif. Chose rare chez les oiseaux, les merles d'Amérique n'ont pas peur des humains. Il leur arrive même de bâtir leur nid sur une véranda. Tu peux les inviter chez toi en plaçant, sous les poutres du toit de la véranda, de petites planchettes de bois sur lesquelles les parents pourront installer leur nid. La mère y pondra de trois à quatre œufs d'un très joli bleu pâle, qui écloront environ deux semaines plus tard. Par la suite, les parents s'affaireront tous les deux à nourrir leurs petits. Si tu t'approches trop du nid, ils t'avertiront par un « tut-tut » bien senti. Tu ferais mieux de les laisser tranquilles!

Comme le merle d'Amérique, les merlebleus appartiennent à la famille des grives. Nous en avons trois espèces en Amérique du Nord (ci-dessous, de gauche à droite) : le merlebleu azuré, le merlebleu de l'Ouest et le merlebleu de l'Est. Les écologistes s'inquiètent du sort de celui de l'Ouest, dont la population semble décliner. Comme les autres espèces de merlebleu, il s'installe volontiers dans les nichoirs spéciaux que les gens placent sur leur terrain ou sur des poteaux de clôture en bordure de leurs champs.

Merlebleu

Longueur : 17 cm

Voix : *piou* ou *miou* bas et sifflé

Alimentation : insectes, petits fruits

Aire : (merlebleu azuré) ouest de l'Amérique du Nord; (merlebleu de l'Ouest) ouest des États-Unis et sud-ouest du Canada; (merlebleu de l'Est) est des Rocheuses, et du sud du Canada aux États situés près du golfe du Mexique

Habitat : terrains découverts, forêts; près des fermes et des vergers

Merle d'Amérique

Longueur : 25 cm

Envergure : 43 cm

Poids : 77 g

Voix : série de phrases basses, sifflées et généralement répétées deux ou trois fois

Alimentation : vers, insectes, fruits, graines

Aire : toute l'Amérique du Nord

Habitat : villes et villages, fermes et forêts

Geai bleu et mésangeai du Canada

Avec sa grande taille et son plumage bleu vif, blanc et noir, le geai bleu ne passe pas inaperçu. En hiver, on en voit souvent autour des mangeoires, où ils aiment manger les graines de tournesol et le maïs concassé tombés par terre. Et on les entend! Ils font généralement « djé! djé! », mais ils ont tout un répertoire d'autres cris. Ce sont d'excellents imitateurs, capables de copier d'autres oiseaux, d'autres animaux… ou même des klaxons! Si des geais bleus pensent qu'un rapace veut s'en prendre à leurs petits, ils volent autour de lui en bande, lui frôlant la tête et le houspillant à tue-tête. Et, s'ils voient un écureuil ou un chat près de leur nid, les deux parents s'y mettent pour chasser l'intrus.

Si tu sors une collation dans les forêts du Nord, en hiver, et que tu voies un oiseau gris foncer vers toi, tu as trouvé un mésangeai du Canada. Cet oiseau sans-gêne, charmant et élégant, à la réputation de voleur, pourra venir manger dans ta main ou même te chiper ta nourriture dès que tu auras le dos tourné. Il cache ses provisions dans des arbres pour l'hiver, en se servant de sa salive gluante pour les coller en place.

Geai bleu

Longueur : 28 cm

Envergure : 41 cm

Poids : 85 g

Voix : *djïa* ou *djé* aigu, allant en décroissant

Alimentation : insectes, noix et graines

Aire : centre et est du Canada et des É.-U.

Habitat : forêts de chênes et de pins; jardins de petites villes et de la banlieue; mangeoires en hiver

Mésangeai du Canada

Longueur : 29 cm

Voix : *oui-ah* et *ouif, ouif, ouif, ouif* doux et clairs; *chouf-chouf-ouif* assourdi

Alimentation : insectes, noix et graines

Aire : majeure partie du Canada et nord-ouest des É.-U.; extrême nord de la Nouvelle-Angleterre

Habitat : forêts de conifères

Carouge à épaulettes

Longueur : 22 cm

Envergure : 33 cm

Poids : 51 g

Voix : *konk-ka-rî* gloussé en trilles

Alimentation : insectes en période de reproduction, fruits et graines le reste de l'année

Aire : Amérique du Nord

Habitat : marais et marécages broussailleux; zones humides près des fermes

Carouge à épaulettes et corneille d'Amérique

Le carouge à épaulettes est l'un des premiers oiseaux à revenir chaque printemps dans la région où il se reproduira. C'est un oiseau noir portant des barres rouges et jaunes sur les ailes. Peu après son retour, il revendique son territoire. Préférant les marais et les marécages, il vole d'un roseau à l'autre. Tu le verras peut-être perché là, les ailes étendues, en train de lancer son chant distinctif. « Allez-vous-en, semble-t-il dire aux autres mâles, c'est chez moi ici. »

La femelle tachetée de brun arrive quelques semaines après le mâle et construit un nid dans les roseaux. Et bientôt, ils ont une petite famille à élever. La femelle reste tout près et n'est pas aussi visible que le mâle.

La corneille d'Amérique est une ennemie du carouge à épaulettes, dont elle cherche souvent à voler les œufs. Lorsqu'un carouge aperçoit l'un de ces gros oiseaux d'un noir brillant, il se lance à sa poursuite, bien que la corneille soit plus grosse que lui. Il arrive même à s'accrocher à son dos pour lui donner des coups de bec furieux tandis qu'elle s'envole.

Corneille d'Amérique

Longueur : 45 cm

Voix : *cââ* ou *câhr* rauque

Alimentation : toutes les sources de nourriture possibles, y compris les dépotoirs et les tas de compost

Aire : Amérique du Nord

Habitat : étendues découvertes pour chercher sa nourriture et forêts pour faire son nid; zones urbaines

Cardinal rouge
et jaseur d'Amérique

Le cardinal rouge est un de nos oiseaux les plus connus. Le mâle rouge vif et la femelle (ci-contre) d'un brun olivâtre, avec un peu de rouge, se reconnaissent principalement à leur huppe. Quand j'étais jeune, à Toronto, les cardinaux étaient rares. Ils vivaient dans le sud des États-Unis, où ils trouvaient à s'alimenter toute l'année. Mais ils sont aujourd'hui communs dans nos régions, grâce aux mangeoires où ils peuvent se nourrir en hiver.

L'été, on entend les cardinaux chanter au sommet des arbres. Contrairement à la plupart des autres espèces, le mâle et la femelle chantent tous les deux, le mâle d'abord, puis la femelle, qui lui répond.

Le jaseur d'Amérique a, lui aussi, une huppe. Il est brun chamois, avec un masque noir et une bande jaune au bout de la queue. Les jaseurs adorent les petits fruits, en particulier les baies de genévrier, de sorbier et d'autres arbres et arbustes. À l'automne, ils se rassemblent en troupes pour s'en gaver en prévision de leur longue migration vers le sud.

Jaseur d'Amérique

Longueur : 18 cm

Voix : *ziii* aigu et ténu

Alimentation : fruits, sève, insectes

Aire : toute l'Amérique du Nord

Habitat : bois clairs, arbres fruitiers, vergers

Cardinal rouge

Longueur : 22 cm

Envergure : 31 cm

Poids : 45 g

Voix : série de sifflements aigus, clairs et secs : *ouâit, ouâit, ouâit, ouat tiou tiou tiou*

Alimentation : insectes, graines, fruits

Aire : Mexique, centre et est des É.-U. et du Canada

Habitat : bordure des forêts et des bosquets; jardins de petites villes et de la banlieue

Quelques trucs pour attirer les oiseaux chez toi

Quand on commence à s'y intéresser, on remarque les oiseaux partout : au parc, dans les arbres sur la rue et dans le jardin. Et on voudrait bien en voir encore plus. La bonne nouvelle, c'est qu'il ne faut pas beaucoup d'effort pour y arriver.

L'installation d'une mangeoire est un excellent moyen d'attirer les oiseaux. Si tu n'as pas de jardin, tu peux installer une mangeoire sur ton balcon, ou même à l'extérieur de la fenêtre de ta chambre. Une mangeoire remplie de graines de tournesol et de maïs concassé intéressera les espèces relativement grosses, comme les geais et les cardinaux (ci-dessous).

Si tu y mets de la nourriture plus petite, par exemple des graines de chardon du Niger, tu y verras des juncos, des sittelles, des chardonnerets et des roselins. Ce que je préfère, c'est un petit rondin de bois de sept à dix centimètres de diamètre. J'y creuse des trous à peu près gros comme un bouchon de bouteille, de 2,5 centimètres de profondeur, que je remplis de suif mêlé de flocons d'avoine. En suspendant une mangeoire de ce genre par une extrémité, tu attireras toutes sortes d'oiseaux, dont des pics (ci-dessus).

Il arrive parfois qu'un oiseau domestique s'échappe de sa cage. Si c'est un granivore, les mangeoires l'attireront irrésistiblement. C'est ainsi que divers oiseaux exotiques – chardonnerets élégants, perruches ou cacatoès – ont déjà été aperçus dans des jardins où il y avait une mangeoire, à la grande surprise de leurs propriétaires.

Les colibris sont toujours passionnants à observer; tu peux installer, pour eux, une mangeoire spéciale d'un rouge brillant, leur couleur préférée. Remplis-la d'eau sucrée, et ils arriveront bientôt. Mais n'y mets pas de colorant alimentaire rouge – ce n'est pas bon pour eux. Prends bien soin d'enlever la saleté et les petits insectes qui y entrent puisque cela pourrait les rendre malades. Tu peux aussi, si tu veux, planter des fleurs colorées : les colibris affectionnent particulièrement les ancolies, les roses trémières et le chèvrefeuille.

Tu peux également planter des arbres et des arbustes, comme des cèdres ou des genévriers. Les oiseaux peuvent en manger les baies, même en hiver. En été, ils peuvent s'y abriter et y faire leur nid.

L'été, un bain peu profond attire aussi des oiseaux de toutes sortes, qui viennent y boire et y barboter. Les orioles, les merles d'Amérique, les étourneaux (à droite) et beaucoup d'autres petits oiseaux en raffolent. Les aigles, les buses et les hiboux aiment aussi se baigner, mais tu as peu de chances d'en voir dans ton jardin!

Oriole de Baltimore et paruline flamboyante

Avec ses ailes noires et son corps orange vif, l'oriole de Baltimore est un de nos oiseaux les plus colorés. Au printemps, le mâle se perche souvent au bout d'une branche. Il chante pour revendiquer son territoire et se trouver une compagne. Jusqu'à ce que leurs œufs soient éclos, les parents ne sont pas faciles à observer. Ils passent la majeure partie de leur temps au sommet des arbres. L'oriole de Baltimore construit un nid très particulier : c'est une sorte de poche faite de bouts de plantes, de ficelle et de gazon, qui se balance à une branche d'un grand arbre. Le nid peut sembler fragile quand il oscille dans le vent, mais il est très solide et ne risque pas de tomber.

La paruline flamboyante ressemble à un oriole de Baltimore en miniature, mais elle appartient à une autre famille d'oiseaux, celle des parulidés. Comme ces petits volatiles vivent dans les profondeurs de la forêt, on ne les aperçoit pas souvent. Toutefois, pendant la migration, on en voit parfois sauter de branche en branche dans les bois, les jardins et les ravins.

Paruline flamboyante

Longueur : 13 cm

Voix : *zi-zi-zi-zi ziou* aigu et rapide

Alimentation : insectes surtout; aussi graines et petits fruits

Aire : l'été, Canada et est des É.-U.

Habitat : boisés

Oriole de Baltimore

Longueur : 22 cm

Envergure : 29 cm

Poids : 34 g

Voix : þidou toudi toudi youdi tou tidou sifflé, bref et clair

Alimentation : insectes, araignées, fruits et nectar

Aire : centre et est du Canada et des É.-U.

Habitat : bois clairs, ormes et arbres d'ombrage en ville

Passerin indigo et cardinal à poitrine rose

Le passerin indigo (ci-contre) et le cardinal à poitrine rose appartiennent tous les deux à l'ordre des passereaux, qui compte le plus grand nombre d'espèces en Amérique du Nord. Ces oiseaux ont un gros bec épais, pour casser les noix et les graines. Le passerin indigo mâle, de la taille d'un moineau, a un brillant plumage bleu foncé. La femelle est brune et reste généralement cachée. Au printemps, le mâle chante dans les arbres en bordure des forêts ou dans les broussailles. C'est un des rares passereaux qui chantent en vol. Particulièrement bleu en été, il mue à l'automne; il remplace alors ses vieilles plumes usées par des nouvelles. L'automne et l'hiver, il est d'un bleu brunâtre.

Le cardinal à poitrine rose est un des plus gros passereaux. Il passe ses étés dans les forêts et les vergers, et fréquente souvent les mangeoires, où il amène parfois ses jeunes, une fois qu'ils ont appris à voler. Il peut être difficile à repérer à la cime des arbres, mais on entend souvent son chant, semblable à celui du merle, à la fin du printemps et au début de l'été.

Passerin indigo

Longueur : 14 cm

Envergure : 20 cm

Poids : 15 g

Voix : *suîte, suîte, tchou, tchou* sifflé, très strident

Alimentation : insectes, graines et petits fruits

Aire : est du Canada et des É.-U.

Habitat : bord des routes et lisière des forêts

Cardinal à poitrine rose

Longueur : 20 cm

Voix : gazouillis lent et sifflé

Alimentation : fruits, graines et insectes

Aire : centre et est du Canada et des É.-U.

Habitat : forêts de feuillus, vergers et bosquets

Chardonneret jaune et roselin familier

Le corps jaune vif et les ailes noires du mâle, chez le chardonneret jaune, contrastent joliment avec les herbes et les plantes brunies par le soleil de la fin de l'été. (Comme chez beaucoup d'espèces, la femelle est plus terne que le mâle.) Les chardonnerets jaunes sont des oiseaux de campagne, qui aiment les champs découverts et dont le vol onduleux est facilement reconnaissable. Ils raffolent des graines de chardon, de pissenlit et de verge d'or, des plantes que certains considèrent généralement comme des mauvaises herbes. L'hiver, le plumage brillant du mâle fait place à un brun verdâtre plus terne.

Le petit roselin familier, d'un brun rougeâtre, est originaire de l'ouest des États-Unis. Il y a une soixantaine d'années, quelques individus ont été libérés à Long Island, près de New York. Ils se sont répandus, par la suite, dans tout l'est des États-Unis et sont montés vers le nord jusqu'au Canada. Celui qu'on voit ci-dessous est perché sur un yucca, une plante du désert. Les roselins familiers nichent n'importe où, aussi bien dans un pot à fleurs que dans le nid d'un autre oiseau. Ils adorent les noix et viennent souvent se nourrir aux mangeoires pendant l'hiver.

Roselin familier

Longueur : 15 cm

Voix : sifflement, souvent un long *houirrr*

Alimentation : végétarienne, y compris graines et bourgeons

Aire : partout aux États-Unis et le long de la frontière canadienne

Habitat : villes, banlieue, champs, broussailles dans le désert

Chardonneret jaune

Longueur : 13 cm

Envergure : 23 cm

Poids : 13 g

Voix : to-oui to-oui to-oui to touir touir ti ti ti ti aigu et répétitif

Alimentation : végétarienne, y compris graines et bourgeons

Aire : Amérique du Nord

Habitat : touffes de mauvaises herbes, de chardon et de pissenlit dans les champs; bois clairs et bord des routes

Bruants et moineaux

Certaines personnes mettent tous les bruants dans le même sac que les moineaux. Ce sont pour eux « des petits oiseaux bruns », difficiles à distinguer. Alors, pourquoi se donner la peine d'essayer ? Mais, quand on sait quoi chercher, ces charmants oiseaux sont assez faciles à identifier.

Bruant chanteur

moustache sombre

rayures marquées

tache noire

Le bruant chanteur a une tache noire sur la poitrine, des rayures brunes et blanches sur la tête, le dos et la poitrine, et une moustache sombre le long de la gorge. Comme son nom l'indique, il est reconnaissable à son chant. Il commence le plus souvent par « suite, suite, suite ».

Bruant hudsonien

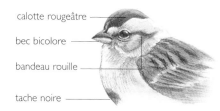

calotte rougeâtre

bec bicolore

bandeau rouille

tache noire

Le bruant hudsonien a une tache noire sur sa poitrine grise, une calotte brun rouge et un bandeau rouille en travers de l'œil. Il se nourrit et niche au sol. Il passe ses étés dans le nord du Canada et ses hivers un peu partout aux États-Unis. Son chant est un gazouillis mélodieux.

Bruant familier

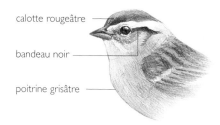

calotte rougeâtre

bandeau noir

poitrine grisâtre

Le bruant familier a, lui aussi, une calotte d'un brun rougeâtre, mais sa poitrine grise est unie. Il a un bandeau noir en travers de l'œil et un sourcil blanc plus large. Il émet une série de gazouillis qui s'apparentent parfois à des trilles. Il passe l'été un peu partout en Amérique du Nord.

Bruant à gorge blanche

Au début du printemps, tu reconnaîtras facilement le chant du bruant à gorge blanche. On dirait qu'il dit « Je suis Frédéric, Frédéric, Frédéric » ou « Où es-tu, Canada, Canada, Canada ». Il a la gorge blanche, la tête rayée et une tache jaune entre le bec et les yeux. On peut le voir le long des routes, à la lisière des forêts et dans les broussailles.

étroite rayure blanche

lore jaune
(devant l'œil)

gorge blanche

poitrine sombre

Bruant à couronne blanche

Le bruant à couronne blanche a de larges rayures noires et blanches sur la tête, la gorge grise et le bec d'un jaune rosâtre. Il niche dans le nord et l'ouest du Canada, et passe ses étés dans le sud des États-Unis. Il se retrouve souvent aux mêmes endroits que son cousin à gorge blanche pendant la migration.

large rayure blanche

bec jaune rosâtre

cou gris

Moineau domestique

Le moineau domestique n'est pas apparenté aux bruants. Il a beau nous être très familier, il n'est même pas indigène! Il s'agit en fait d'un tisserin, originaire d'Europe, qui a été introduit en Amérique du Nord dans les années 1870. Le mâle a le dos et la nuque brun rouille, la gorge noire et les joues blanches. La femelle est plus terne, avec une gorge unie et un bandeau brun.

Enjoué et turbulent, le moineau domestique vit le plus souvent en ville; même à la campagne, il cherche la compagnie des humains et niche souvent dans les bâtiments de ferme.

Mâle

Femelle

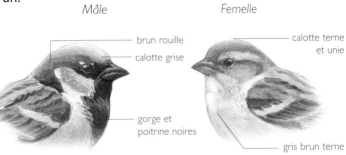

brun rouille

calotte grise

gorge et
poitrine noires

calotte terne
et unie

gris brun terne

Épilogue

Les oiseaux sont fascinants. En les voyant voleter d'arbre en arbre, on a tout de suite envie d'en savoir plus long sur ces créatures colorées. Heureusement, il y en a partout autour de nous, dans nos parcs et dans nos jardins. En écoutant attentivement, tu pourras même les entendre chanter en arrière-plan de ton émission de télé préférée.

Mais les oiseaux ne sont pas seulement jolis. Ils sont aussi utiles. Les colibris assurent la pollinisation des fleurs. Les hirondelles et les martinets mangent des insectes. Les hiboux – comme le petit-duc maculé (ci-dessous) – et les buses se nourrissent de souris et d'autres rongeurs qui, autrement, dévasteraient les récoltes des agriculteurs.

Il arrive malheureusement que nous leur fassions du tort. Dans le monde entier, on coupe les forêts où vivent beaucoup d'entre eux. On laisse la lumière allumée toute la nuit dans les immeubles à bureaux; les oiseaux migrateurs, éblouis, foncent dans ces immeubles et se blessent – ou se tuent. On épand, dans les champs, des pesticides chimiques, parfois nuisibles pour les oiseaux. Les gens coupent les arbres de leur jardin sans les remplacer, et vaporisent des produits toxiques pour éliminer les insectes et les mauvaises herbes.

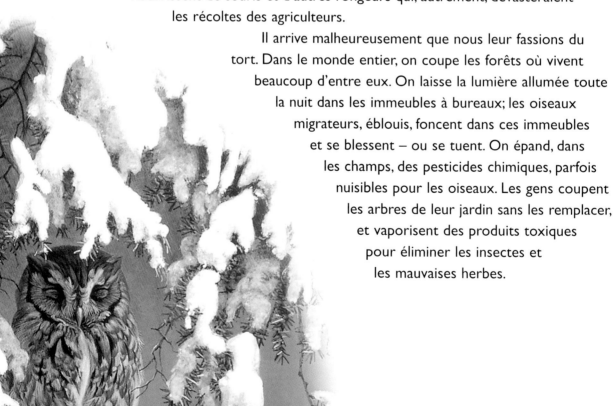

Mais il y a moyen d'aider les oiseaux. Il n'y a pas très longtemps, par exemple, on se servait d'un insecticide chimique appelé DDT. Lorsqu'ils mangeaient des insectes ou des mammifères qui s'en nourrissaient, les oiseaux ingéraient du DDT. Ce produit rendait les coquilles de leurs œufs fragiles, si bien que de magnifiques oiseaux comme le pygargue à tête blanche et le faucon pèlerin (ci-contre, en haut) ont bientôt été menacés d'extinction. Des gens ont heureusement compris ce qui se passait, et le DDT a été interdit. Après quelques années, le nombre de pygargues et de faucons a recommencé à augmenter.

Il y a bien d'autres façons d'aider les oiseaux. Au printemps et à l'automne, nous pouvons éteindre la lumière dans les immeubles en hauteur. Nous pouvons nous assurer qu'au moins une partie des forêts et des autres endroits où les oiseaux vivent et nichent est préservée. Nous pouvons éviter de nous servir de produits chimiques et de poisons sur nos pelouses et dans nos jardins. Simplement en arrachant nous-mêmes nos mauvaises herbes, nous aiderions à sauver d'innombrables oiseaux. Et, bien sûr, nous pouvons planter des arbustes et des fleurs pour leur fournir de la nourriture.

Un petit effort peut changer bien des choses. Notre monde est aussi celui des oiseaux. Il est important que nous le partagions avec eux.

Glossaire

Aire : Zone dans laquelle on a des chances de voir un oiseau. Inclut son aire d'hiver et son aire d'été, ainsi que ses parcours de migration.

Bec : « Bouche » des oiseaux, faite d'os et d'autres matières plus flexibles. Il est adapté à l'alimentation de chaque espèce, pour écraser des graines et des noix, attraper des insectes, aspirer du nectar, etc.

Chant : Son plus complexe que le cri, habituellement appris. Le chant sert à revendiquer le territoire et peut avoir de nombreuses variantes. Certains oiseaux n'en ont qu'un, et d'autres, plusieurs.

Cri : Son, habituellement court, servant à communiquer directement, par exemple pour localiser des congénères, les avertir du danger et garder la troupe ensemble. Voir aussi *chant*.

Conservation : Activités visant à préserver la nature.

Écologiste : Toute personne (du scientifique au simple amant de la nature) qui étudie, protège ou aide la nature.

Envergure : Mesure du bout d'une aile au bout de l'autre.

Espèce : Oiseaux du même type, qui portent le même nom; par exemple, le cardinal rouge, le moineau domestique, etc.

Famille : Terme scientifique désignant un grand groupe d'oiseaux (ou d'autres formes de vie) ayant des caractéristiques similaires. La famille comprend des sous-groupes plus petits appelés genres, qui réunissent à leur tour différentes *espèces*.

Habitat : Endroit où un oiseau vit et élève sa famille.

Huppe : Plumes légèrement plus longues que la normale sur le dessus de la tête. Soulevées, elles forment une sorte de pic. Les cardinaux, les geais bleus et les jaseurs d'Amérique, par exemple, ont une huppe.

Juvénal : Jeune oiseau prêt à quitter le nid, une fois qu'il a les plumes dont il a besoin pour voler.

Lore : Espace compris entre l'œil et le *bec*.

Rémiges primaires : Première série de plumes du vol d'une aile déployée.

Rémiges secondaires : Les plumes de l'aile qui sont le plus près du corps.

Serres : « Doigts » très acérés de certains oiseaux, qui leur permettent de saisir leurs proies et de les emporter.

Remerciements

Les auteurs et Madison Press Books tiennent à remercier Alex Fischer pour sa bonne humeur, sa pensée claire et logique, et son aide constante et compétente; Teresa Rigg, de Backyard Heritage Discoveries, pour ses conseils utiles; et Adrienne Fine-Furneaux pour son travail de recherche préliminaire.

Ian Coutts, dont le travail de révision a été primé, a contribué pendant sa longue carrière à une foule d'ouvrages qui ont connu un grand succès international. C'est aussi un auteur accompli, dont les articles ont été publiés dans des magazines comme *Canadian Business*, *Toronto Life* et *Canadian Geographic*.

Les oiseaux de mon jardin est une production de

MADISON PRESS BOOKS
1000 Yonge Street, Suite 200
Toronto (Ontario) Canada M4W 2K2
www.madisonpressbooks.com

Éditrice intellectuelle : Nancy Kovacs
Directrice : Imoinda Romain
Adjointes à la rédaction : Shima Aoki, Sandra L. Hall
Directrice de la rédaction : Wanda Nowakowska

Conception graphique : Diana Sullada
Directrice artistique : Jennifer Lum

Responsable de la production : Sandra L. Hall
Directrice de la production : Susan Barrable

Éditeur : Oliver Salzmann

Imprimé à Singapour par Tien Wah Press

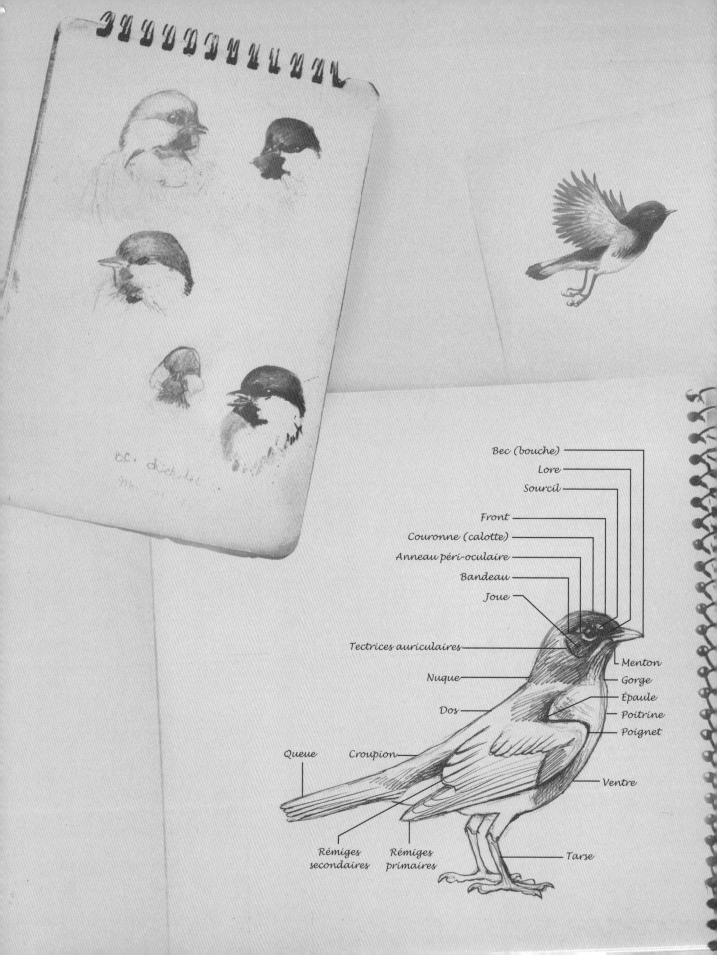

Bec (bouche)

Lore

Sourcil

Front

Couronne (calotte)

Anneau péri-oculaire

Bandeau

Joue

Tectrices auriculaires

Nuque

Dos

Menton

Gorge

Épaule

Poitrine

Poignet

Queue

Croupion

Ventre

Rémiges
secondaires

Rémiges
primaires

Tarse